BEI GRIN MACHT SICH IHR WISSEN BEZAHLT

AF148934

- Wir veröffentlichen Ihre Hausarbeit, Bachelor- und Masterarbeit

- Ihr eigenes eBook und Buch - weltweit in allen wichtigen Shops

- Verdienen Sie an jedem Verkauf

Jetzt bei www.GRIN.com hochladen und kostenlos publizieren

Christian Haas

Berufsausbildung und weiterführende Schulen. Möglichkeiten für bayerische Realschüler

GRIN Verlag

Bibliografische Information der Deutschen Nationalbibliothek:

Die Deutsche Bibliothek verzeichnet diese Publikation in der Deutschen National-
bibliografie; detaillierte bibliografische Daten sind im Internet über http://dnb.d-
nb.de/ abrufbar.

Dieses Werk sowie alle darin enthaltenen einzelnen Beiträge und Abbildungen
sind urheberrechtlich geschützt. Jede Verwertung, die nicht ausdrücklich vom
Urheberrechtsschutz zugelassen ist, bedarf der vorherigen Zustimmung des Verla-
ges. Das gilt insbesondere für Vervielfältigungen, Bearbeitungen, Übersetzungen,
Mikroverfilmungen, Auswertungen durch Datenbanken und für die Einspeicherung
und Verarbeitung in elektronische Systeme. Alle Rechte, auch die des auszugsweisen
Nachdrucks, der fotomechanischen Wiedergabe (einschließlich Mikrokopie) sowie
der Auswertung durch Datenbanken oder ähnliche Einrichtungen, vorbehalten.

Impressum:

Copyright © 2013 GRIN Verlag GmbH
Druck und Bindung: Books on Demand GmbH, Norderstedt Germany
ISBN: 978-3-656-40734-8

Dieses Buch bei GRIN:

http://www.grin.com/de/e-book/212078/berufsausbildung-und-weiterfuehrende-
schulen-moeglichkeiten-fuer-bayerische

GRIN - Your knowledge has value

Der GRIN Verlag publiziert seit 1998 wissenschaftliche Arbeiten von Studenten, Hochschullehrern und anderen Akademikern als eBook und gedrucktes Buch. Die Verlagswebsite www.grin.com ist die ideale Plattform zur Veröffentlichung von Hausarbeiten, Abschlussarbeiten, wissenschaftlichen Aufsätzen, Dissertationen und Fachbüchern.

Besuchen Sie uns im Internet:

http://www.grin.com/

http://www.facebook.com/grincom

http://www.twitter.com/grin_com

Friedrich-Alexander-Universität Erlangen-Nürnberg
Didaktik Wirtschaft und Recht
Wintersemester 2012/13
Veranstaltung: Übung Berufsorientierung

Wege nach der 10. Klasse

Christian Haas

Studiengang: Lehramt Realschule (2. Fachsemester)
Fächerverbindung: Englisch / Wirtschaftswissenschaften

Inhaltsverzeichnis

1. Einleitung   3

2. Berufsausbildungen
2.1 Berufsausbildungen im dualen System   3
2.2 Berufsfachschulen   4

3. weiterführende Schulen
3.1 Fachoberschulen   5
3.2 Gymnasien   6

4. Überbrückungsmöglichkeiten
4.1 freiwilliges soziales Jahr   7
4.2 freiwilliges ökologisches Jahr   8
4.2 Bundesfreiwilligendienst   8

5. zweiter Bildungsweg   9
5.1 Berufsoberschulen   9
5.2 Kollegs   10
5.3 Fernlehrgänge   11
5.4 Hochschulzugang für beruflich qualifizierte Bewerber   12

6. Fazit   13

7. Literaturverzeichnis   14

1. Einleitung

Diese Hausarbeit gibt einen strukturierten Überblick über verschiedene Möglichkeiten, die Schülerinnen und Schülern an bayerischen Realschulen nach der 10. Klasse mit dem Schulabschluss der "mittleren Reife" offen stehen. Sie zeigt sowohl die klassischen Berufsausbildungen auf und erläutert auch die verschiedenen weiterführenden Schulen.

2. Berufsausbildungen

2.1 Berufsausbildungen im dualen System

Die klassische Berufsausbildung erfolgt im sog. "dualen System". Dies bedeutet, dass die Auszubildenden parallel an zwei Lernorten ausgebildet werden. Zum einen im Ausbildungsbetrieb und zusätzlich in einer der Fachrichtung entsprechenden Berufsschule (vgl. Arndt, S. 41ff).

Die praktische Ausbildung erfolgt im Ausbildungsbetrieb durch zusätzlich geschulte Ausbilder und Meister. Diese geben im Rahmen der betrieblichen Arbeitsabläufe ihre – meist langjährige – Berufserfahrung und Fachkenntnisse an die Auszubildenden weiter. Die Erlangung der Ausbilderlizenz erfordert den Besuch einer Weiterbildungsmaßnahme, der sog. "Ausbildung der Ausbilder". Diese wird von vielen Fernschulen und auch den örtlichen Industrie- und Handelskammern bzw. Handwerkskammern angeboten.

Im Berufsschulunterricht erlernen die Auszubildenden das notwendige theoretische und fachpraktische Wissen für den gewählten Ausbildungsberuf. Weiterhin wird allgemeinbildender Unterricht in den Fächern Deutsch, Englisch, Religion und Sozialkunde erteilt. Der Unterricht in diesen Fächern baut auf dem mittleren Schulabschluss auf.

Die Ausbildungszeit für die meisten kaufmännischen und auch handwerklichen Berufe beträgt im Regelfall zwischen drei und dreieinhalb Jahren, sie kann jedoch auf Grund des mittleren Schulabschlusses oder einer bereits abgeschlossenen Ausbildung auf zwei bzw. zweieinhalb Jahre verkürzt werden.

Der Vorteil des dualen Ausbildungssystems ist die Kombination aus theoretischer und praktischer Unterweisung. Das an der Berufsschule erworbene theoretische Wissen kann umgehend im betrieblichen Alltag angewandt werden. Durch die praktische Erfahrung in verschiedenen Bereichen des Berufes können Rückschlüsse für den Theorieunterricht gezogen werden. Gerade in kleineren Handwerks- oder Familienbetrieben ist dies für den Auszubildenden von Vorteil, da die Gefahr einer zu einseitigen Ausbildung umgangen wird und auch noch weitere Anregungen durch die entsprechend ausgebildeten Berufsschullehrkräfte gegeben werden.

2.2 Berufsfachschulen

Für eine Reihe von Ausbildungsberufen erfolgt die Ausbildung gänzlich schulisch an sog. Berufsfachschulen, ohne den praktischen Teil im Ausbildungsbetrieb. Dies ist zum Beispiel in der Ausbildung zum "staatl. geprüften Fremdsprachenkorrespondenten" der Fall. Die Auszubildenden erhalten in speziellen Fremdsprachenschulen, z. B. dem Institut für Fremdsprachen und Auslandskunde bei der Friedrich-Alexander-Universität Erlangen-Nürnberg (IFA)[1] den sprachpraktischen Unterricht in zwei oder mehr Fremdsprachen, bürokaufmännischen und wirtschaftswissenschaftlichen Unterricht sowie zusätzlichen allgemeinbildenden Unterricht in den Fächern Deutsch und Sozialkunde (vgl. http://www.ifa.uni-erlangen.de/ausbildung-studium/ausbildung-an-der-bfs/).

Für die schulische Berufsausbildung wird den Auszubildenden keine Ausbildungsvergütung gezahlt. Es entstehen teilweise hohe Kosten für den Besuch der Schule, z. B. Anmeldegebühren, Schulgeld und verschiedene Prüfungsgebühren (vgl. http://www.ifa.uni-erlangen.de/gebuehren/gebuehren-bfs.shtml).

---

[1] Am IFA können folgende Ausbildungs- und Studiengänge belegt werden: staatl. geprüfter Fremdsprachenkorrespondent, staatl. geprüfter Euro-Korrespondent, staatl. geprüfter Übersetzer, staatl. geprüfter Übersetzer und Dolmetscher sowie Bachelor of Arts Übersetzen. Folgende Sprachen werden am IFA angeboten: Englisch, Französisch, Italienisch, Russisch, Spanisch, Chinesisch und Türkisch.

3. weiterführende Schulen

3.1 Fachoberschulen

Die Fachoberschule ist eine weiterführende Schule, die Absolventen des mittleren Schulabschlusses innerhalb von zwei Schuljahren zur Fachhochschulreife und in einem weiteren Jahr zur fachgebundenen bzw. allgemeinen Hochschulreife führt. Die Fachhochschulreife berechtigt zum Studium an einer Fachhochschule, die fachgebundene Hochschulreife auch zu einem Studium an einer Universität in bestimmten Studiengängen (vgl. Informationsblatt "Zuordnung von Nachweisen der fachgebundenen Hochschulreife zu Studiengängen in Bayern"). Mit der allgemeinen Hochschulreife stehen den Absolventen alle Studiengänge an Universitäten offen.

Die Zulassungsvoraussetzung für die Fachoberschule ist erreicht, wenn der Durchschnitt im Zeugnis des mittleren Schulabschlusses bzw. im Zwischenzeugnis der 10. Jahrgangsstufe der Realschule in den Fächern Deutsch, Englisch und Mathematik mindestens 3,5 beträgt. Für die Ausbildungsrichtung Gestaltung ist zusätzlich eine Aufnahmeprüfung zu bestehen (vgl. Informationsbroschüre "Berufliche Oberschule Bayern", S. 10)

Der Unterrichtsstoff der Fachoberschule baut auf das bereits vorhandene Wissen der mittleren Reife auf. Analog zu den Wahlpflichtfächergruppen der Realschule werden verschiedene Ausbildungsrichtungen angeboten:

- **Technik**
  Profilfächer: Mathematik, Physik, Chemie
- **Wirtschaft und Verwaltung**
  Profilfächer: Betriebs- und Volkswirtschaftslehre, Rechnungswesen
- **Sozialwesen**
  Profilfächer: Pädagogik, Psychologie, Kunsterziehung oder Musik
- **Gestaltung**
  Profilfächer: Darstellung, Gestaltungslehre
- **Agrarwirtschaft**
  Profilfächer: Biologie, Chemie, Physik

Der allgemeinbildende Unterricht in den Fächern Deutsch, Englisch, Religion, Geschichte, Sozialkunde und Sport ist in allen Ausbildungsrichtungen gleich (vgl. Informationsbroschüre "Berufliche Oberschule Bayern", S. 14f)

Um die allgemeinen Hochschulreife zu erlangen, ist der Nachweis einer zweiten Fremdsprache[2] auf dem Niveau A2 es Gemeinsame europäische Referenzrahmen für Sprachen (GER) erforderlich. Hierfür bieten die Fachoberschulen zusätzlichen Fremdsprachenunterricht als Wahlfächer an. Für Schüler, die in der Realschule bereits Französisch als zweite Fremdsprache erlernt haben, wird diese Sprache fortgeführt. Für alle Schüler ohne weitere Fremdsprachenkenntnisse besteht die Möglichkeit z. B. Französisch, Spanisch, Italienisch oder Latein neu zu erlernen.

Die schriftlichen Abiturprüfungen finden für alle Ausbildungsrichtungen in den Fächern Deutsch, Englisch und Mathematik statt. Das vierte Prüfungsfach ist das Profilfach der gewählten Ausbildungsrichtung. Im technischen Zweig ist dies Physik, im wirtschaftlichen Zweig Betriebswirtschaftslehre mit Rechnungswesen, im Zweig Sozialwesen Pädagogik und Psychologie, im Bereich Agrarwirtschaft Biologie und im gestalterischen Zweig Darstellung (vgl. Informationsbroschüre "Berufliche Oberschule Bayern", S. 18).

3.2 Gymnasien

Für geeignete Realschüler bieten die bayerischen Gymnasien die Möglichkeit den Schulbesuch fortzusetzten und dadurch die allgemeine Hochschulreife zu erlangen. Es werden folgende Ausbildungsrichtungen angeboten:

- **naturwissenschaftlich-technisch**
- **wirtschafts- und sozialwissenschaftlich mit wirtschaftswissenschaftlichem Schwerpunkt**
- **wirtschafts- und sozialwissenschaftlich mit sozialwissenschaftlichem Schwerpunkt**

---

[2] Der Nachweis ist erbracht, wenn im Abschlusszeugnis der Fachoberschule in der zweiten Fremdsprache mindestens die Note "ausreichend" verzeichnet ist.

Nach dem Erwerb des mittleren Schulabschlusses ist sowohl ein Direkteintritt in die Jahrgangsstufe 10 oder 11 des Gymnasiums möglich. Es werden jedoch auch sog. "Einführungsklassen" angeboten, diese sollen ein Einstieg in die gymnasiale Oberstufe erleichtern.

Zugangsvoraussetzung für den Eintritt in die 10. Klasse ohne Aufnahmeprüfung ist ein Notendurchschnitt von mind. 3,0 in allen vier Abschlussprüfungsfächern. Ein direkter Einstieg in die 11. Klasse ist nur für Schülerinnen und Schüler der Wahlpflichtfächergruppe IIIa[3] möglich, hier muss ein Notenschnitt von 1,5 in den Fächern Deutsch, Mathematik und Französisch vorliegen.

Die Einführungsklassen[4] bereiten die Schülerinnen und Schüler des mittleren Bildungsabschlusses gezielt auf den Einstieg in die Qualifikationsphase des Gymnasiums vor. Es erfolgt ein intensivierter Unterricht in der 2. Fremdsprache und den Abiturfächern Mathematik und Deutsch. Die Voraussetzung für die Aufnahme in die Einführungsklasse ist neben dem mittleren Schulabschluss ein pädagogisches Gutachten der zuletzt besuchten Schule (vgl. http://www.km.bayern.de/uebertritt).

4. Überbrückungsmöglichkeiten

4.1 freiwilliges soziales Jahr

Das freiwillige soziale Jahr (im Folgenden FSJ genannt) bietet Jugendlichen und jungen Erwachsenen bis zur Vollendung des 27. Lebensjahres die Möglichkeit, sich bürgerschaftlich zu engagieren. Vorrausetzung für den Einstieg in ein soziales Jahr ist die Erfüllung der Vollzeitschulpflicht. Die Dauer des FSJ liegt in der Regel zwischen 6 und 18 Monaten, in Einzelfällen sind auch bis zu 24 Monate möglich.

Für die Ableistung des FSJ stehen viele verschiedene Bereiche zur Verfügung, u. a. sind dies Altenheime, Kulturinstitutionen oder auch Kindergärten. Der Einsatz ist sowohl im Inland, aber auch im Ausland möglich. Die Bewerbung für ein FSJ erfolgt direkt beim jeweiligen Träger bzw. der Einsatzstelle.

---

[3] Die Wahlpflichtfachgruppe IIIa der bayerischen Realschule legt den Schwerpunkt auf eine sprachliche Ausbildung, als Profilfach wird Französisch unterrichtet.
[4] Einführungsklassen in unserer näheren Umgebung werden derzeit in Fürth am Hardenberg-Gymnasium und in Nürnberg am Sigmund-Schuckert-Gymnasium, am Johannes-Scharrer-Gymnasium und der Peter-Vischer-Schule angeboten (vgl. http://www.km.bayern.de/uebertritt).

Während der Ableistung des FSJ besteht gesetzlicher Versicherungsschutz für den Krankheits- und Pflegefall. Ebenso wird weiterhin Kindergeld gewährt, sofern das Gesamteinkommen des Kindes die geltenden Freibeträge nicht übersteigt. Auch für die Altersvorsorge wird die Zeit des FSJ angerechnet. Rechtlich gesehen sind die Freiwilligen ähnlich gestellt wie Auszubildende, sie erhalten eine kleine Vergütung in Form eines "Taschengelds" und in bestimmten Fällen auch freie Unterkunft und Verpflegung (vgl. Informationsblatt "Überbrückungsmöglichkeiten" der Bundesagentur für Arbeit).

4.2 freiwilliges ökologisches Jahr

Das freiwillige ökologische Jahr (FÖJ) ist ähnlich aufgebaut und hat ähnliche Zugangsvoraussetzungen wie das freiwillige soziale Jahr. Für die Ableistung des FÖJ stehen viele Einsatzmöglichkeiten, z.B. im Bereich des Umweltschutzes oder der Forstwirtschaft zur Verfügung. Der Einsatz ist im Inland, aber auch im Ausland möglich (vgl. Informationsblatt "Überbrückungsmöglichkeiten" der Bundesagentur für Arbeit).

4.3 Bundesfreiwilligendienst

Seit die Bundesregierung 2011 die Wehrpflicht und damit auch den Zivildienst ausgesetzt hat, gibt es eine neue Möglichkeit sich freiwillig zu engagieren, den Bundesfreiwilligendienst (kurz BFD genannt). Damit wird die durch die fehlenden Zivildienstleistenden entstandene Lücke im Sozialwesen gefüllt. Aus diesem Grund ergeben sich für den BFD ähnliche Einsatzmöglichkeiten wie für das FSJ oder das FÖJ (vgl. http://www.bundesfreiwilligendienst.de/der-bundes freiwilligendienst/ueber-den-bfd.html)

Eine Besonderheit des Bundesfreiwilligendienstes ist die Tatsache, dass auch Teilnehmer zugelassen werden, die das 27. Lebensjahr bereits vollendet haben. Ein Einsatz im Ausland ist im Rahmen des BFD nicht möglich. Ziel des BFD ist es, ein stärkeres Bewusstsein für soziales Engagement bei den Bürgern zu fördern und gerade junge Menschen an Tätigkeiten im Rahmen eines Ehrenamtes heranzuführen (vgl. Informationsblatt "Überbrückungsmöglichkeiten" der Bundesagentur für Arbeit).

5. zweiter Bildungsweg

Der zweite Bildungsweg bietet verschiedene Bildungsangebote für Menschen, die nach ihrer eigentlichen Schulzeit an der Regelschule und einer erfolgreich abgeschlossenen Berufsausbildung einen weiteren Schulabschluss erwerben möchten. Gängige Träger des zweiten Bildungsweges sind Berufsoberschulen, Abendgymnasien, Abendrealschulen und Kollegs. Ziel der genannten Einrichtungen ist der Erwerb der Fachhochschulreife, der fachgebundenen und der allgemeinen Hochschulreife, die dann den Zugang zu Fachhochschulen und Universitäten ermöglicht.

Des Weiteren gibt es für besonders befähigte Berufstätige auch die Möglichkeit, die sog. Begabtenprüfung[5] abzulegen.

5.1 Berufsoberschulen

Die Berufsoberschule bietet jungen Erwachsenen mit mittlerem Schulabschluss und einer erfolgreich abgeschlossenen Berufsausbildung die Möglichkeit die Fachhochschulreife, die fachgebundene Hochschulreife oder auch die allgemeine Hochschulreife zu erlangen. Als Zulassungsvoraussetzung muss – neben der Berufsausbildung – ein Notendurchschnitt von 3,5 in den Fächern Deutsch, Englisch und Mathematik aus dem Zeugnis der mittleren Reife vorliegen.

Die Ausbildung findet in Vollzeit statt und dauert je nach gewünschtem Schulabschluss ein oder zwei Jahre. Der Besuch der Berufsoberschule ist – im Gegenteil zur Vorbereitung per Fernlehrgang (vgl. Kapitel 5.3) – nicht kostenpflichtig. Eine berufliche Tätigkeit neben dem Besuch der Schule ist jeodch auf Grund der Unterrichtszeiten (teilweise bis 17 Uhr am Nachmittag) nicht möglich. Bei Erfüllung aller

---

[5] Die Begabtenprüfung ist für Personen gedacht, die aufgrund ihrer Begabung oder Persönlichkeit und ihrer Vorbildung für ein Hochschulstudium in Frage kommen, aber wegen ihres Entwicklungsgangs keinen schulischen Bildungsgang bis zur Hochschulreifeprüfung durchlaufen konnten. Die Prüfung umfasst eine Aufgabe aus einem wissenschaftlichen Fachgebiet nach eigener Wahl, Deutsch, Mathematik oder eine zugelassene Fremdsprache.

Voraussetzungen kann jedoch BAföG für die Dauer des Schulbesuchs beantragt werden.

An der Berufsoberschule werden – ähnlich wie an der Fachoberschule – verschiedene Ausbildungsrichtungen angeboten:

- **Technik**
  Profilfächer: Mathematik, Physik, Chemie
- **Wirtschaft und Verwaltung**
  Profilfächer: Betriebswirtschaft, Volkswirtschaft, Rechnungswesen
- **Sozialwesen**
  Profilfächer: Pädagogik, Psychologie, Kunsterziehung oder Musik
- **Agrarwirtschaft**
  Profilfächer: Biologie, Chemie, Physik

Weiterhin wird allgemeinbildender Unterricht in den Fächern Deutsch, Englisch, Religionslehre, Geschichte, Sozialkunde und Sport erteilt (vgl. Informationsbroschüre "Berufliche Oberschule Bayern", S. 14f)

Welche Ausbildungsrichtung eingeschlagen werden kann ist von der beruflichen Vorbildung abhängig. Nach dem Abschluss einer kaufmännischen Ausbildung ist beispielsweise nur die Fachrichtung "Wirtschaft und Verwaltung" möglich. Die Ausbildungsrichtung "Gestaltung", die an den Fachoberschulen angeboten wird, ist im Angebot der Berufsoberschule nicht enthalten.

Um den Eintritt in die Berufsoberschule zu erleichtern, können verschiedene Angebote als Übergangshilfe wahrgenommen werden. Diese sog. Vorklassen bzw. Vorkurse werden sowohl in Vollzeit, aber auch berufsbegleitend in Teilzeit angeboten. Durch den Besuch der Vorklasse kann – soweit noch nicht vorhanden – der mittlere Schulabschluss erworben werden (vgl. Informationsbroschüre "Berufliche Oberschule Bayern", S. 12)

5.2 Kollegs

Neben den Berufsoberschulen gibt es in vielen größeren Städten Bayerns sog. Kollegs[6], die ebenfalls zur Erlangung der allgemeinen Hochschulreife führen. Die Dauer der Ausbildung beträgt drei Jahre. Wie auch für die Berufsoberschule werden für den Besuch eines Kollegs der mittlere Schulabschluss sowie eine abgeschlossene Berufsausbildung vorausgesetzt.

An Kollegs werden zwei Ausbildungsrichtungen angeboten:

- **altsprachliche Ausbildungsrichtung**
  Sprachfolge: Latein – Griechisch / Englisch
- **neusprachliche Ausbildungsrichtung**
  Sprachfolge: Englisch – Französisch / Spanisch / Italienisch / Russisch

Weiterhin wird allgemeinbildender Unterricht in Anlehnung an die gymnasiale Oberstufe erteilt. Der Besuch des Kollegs erfolgt in Vollzeit.

Um den Einstieg in das Kolleg zu erleichtern, werden auch hier – ähnlich wie bei der Berufsoberschule – verschiedene Vorkurse angeboten. In diesen werden vor allem die Fächer Deutsch, Englisch und Mathematik verstärkt unterrichtet.

Der Besuch des Kollegs ist nicht mit zusätzlichen Kosten verbunden, die Beantragung von BAföG ist bei Erfüllung aller Voraussetzungen auch hier möglich (vgl. Informationsblatt "Kolleg in Bayern" der Bundesagentur für Arbeit).

5.3 Fernlehrgänge

Für den Erwerb der Fachhochschulreife und auch der allgemeinen Hochschulreife gibt es neben den Berufsoberschulen und Kollegs noch die Möglichkeit, einen berufsbegleiteten Fernkurs zu absolvieren. Hierzu gibt es verschiedene Angebote

---

[6] In Nürnberg gibt es ein solches Kolleg, das Hermann-Kesten-Kolleg. Als Fremdsprachen werden hier Latein, Französisch und Spanisch angeboten (vgl. Informationsblatt "Kolleg in Bayern" der Bundesagentur für Arbeit)

von diversen Fernschulen, wie zum Beispiel das Institut für Lernsysteme(ILS)[7] in Hamburg.

Die Lehrgänge des ILS sind speziell für eine berufsbegleitende Ausbildung vorgesehen. Die Teilnehmer erhalten in regelmäßigen Abständen per Post sog. Studienhefte, die dann bearbeitet werden müssen. Zur Überprüfung des Lernerfolgs sind Einsendeaufgaben zu bearbeiten, die dann von einem Fernlehrer bewertet und kommentiert werden. Die Dauer des Fernlehrgangs Abitur ist vom zuletzt erreichten Schulabschluss abhängig und dauert zwischen 30 und 42 Monaten. Es ist allerdings möglich, sich mit der Bearbeitung mehr Zeit zu lassen oder schneller voran zu gehen.

Das ILS bietet verschiedene Fächerkombinationen an, die an das Interesse der Teilnehmer angepasst werden können:

- **sprachlich-literarischer Bereich**
  Fächer: Deutsch, Englisch, Französisch, Spanisch, Latein, Russisch
- **gesellschaftswissenschaftlicher Bereich**
  Fächer: Geschichte, Erdkunde, Sozialkunde, Religionslehre, Kunst
- **naturwissenschaftlicher Bereich**
  Fächer: Mathematik, Biologie, Physik, Chemie

Aus den oben genannten Fächern wählt der Teilnehmer insg. 8 Fächer aus, in denen dann die Abiturprüfungen abzulegen sind. In vier der gewählten Fächer werden die Prüflinge schriftlich, in den anderen vier Fächern mündlich geprüft. Die Prüfungen finden entweder in den Räumen des ILS in Hamburg, oder an einem örtlichen Gymnasium im Rahmen der sog. Externenprüfung statt.

Die Anmeldung zum Fernlehrgang bzw. dessen Beginn kann jederzeit erfolgen, da die Bearbeitung nicht an die Schuljahresregelung gebunden ist. Die Teilnahme an einem Fernlehrgang ist – im Gegensatz zu den Berufsoberschulen bzw. Kollegs – mit hohen Kosten verbunden, die jedoch in monatlichen Raten bezahlt werden können (vgl. http://www.ils.de/abitur.php)

---

[7] Das ILS bezeichnet sich selbst als "Deutschlands größte Fernschule" und bietet über 200 verschiedene Fernlehrgänge an. Zum Angebot gehören Schulabschlüsse, Fremdsprachen, kaufmännische und technische Lehrgänge sowie allgemeinbildende Kurse. Einige Kurse – wie beispielsweise die Schulabschlüsse – bereiten auf staatliche Prüfungen vor, für andere Kurse stellt das ILS ein Teilnahmezertifikat aus. Dies kann dann z. B. Bewerbungen beigelegt werden.

5.4 Hochschulzugang für beruflich qualifizierte Bewerber

Seit dem Wintersemester 2009/10 ist es unter bestimmten Voraussetzungen möglich, auch ohne Hochschulzugangsberechtigung an Fachhochschulen und Universitäten zu studieren. Interessierte stellen hierfür einen Antrag bei der Hochschule, an der das Studium aufgenommen werden soll.

Hierbei werden folgende Regelungen unterschieden: Kann das Zeugnis einer bestandenen Meisterprüfung vorgelegt werden, wird dem Antragsteller nach einem Beratungsgespräch an der Hochschule der allgemeine Hochschulzugang eröffnet. Dieser ermöglicht das Studium eines beliebigen Studiengangs.

Der fachgebundene Hochschulzugang wird beruflich qualifizierten Berufstätigen erteilt, wenn eine Ausbildung nach dem Berufsbildungsgesetz und eine mindestens dreijährige hauptberufliche Tätigkeit nachgewiesen werden kann. Nach einem Beratungsgespräch wird der Antragsteller zu einem zwei- bis viersemestrigen Probestudium zugelassen. Der gewählte Studiengang muss jedoch mit der Fachrichtung der zuvor absolvierten Ausbildung übereinstimmen (vgl. Beschluss der Kultusministerkonferenz vom 06.03.2009).

An der Friedrich-Alexander-Universität Erlangen-Nürnberg ist durch die Hochschulzugangssatzung geregelt, dass das Probestudium mit Bestehen der Grundlagen- und Orientierungsprüfung (GOP) als bestanden gilt (vgl. Satzung der Friedrich-Alexander-Universität Erlangen-Nürnberg über den fachgebundenen Hochschulzugang für qualifizierte Berufstätige, S. 6).

6. Fazit

Grundsätzlich gilt die bayerische Realschule als eine berufsvorbereitende Schule und bereitet Schülerinnen und Schüler auf eine Berufsausbildung nach dem mittleren Schulabschluss vor. Die Aufnahme einer Berufsausbildung stellt jedoch – wie in der vorliegenden Arbeit ausgeführt – keine endgültige Entscheidung dar. Das bayerische Bildungssystem ist in vielerlei Hinsicht durchlässig und ermöglicht Lernwilligen jederzeit die Weiterführung ihrer schulischen bzw. universitären Ausbildung.

Literaturverzeichnis

Arndt, Holger (2008): Arbeit und Beruf. Rheinzabern: Didacta Verlag

Informationen zum Ausbildungsberuf "staatl. geprüfter Fremdsprachenkorrespondent" am Institut für Fremdsprachen und Auslandskunde an der Friedrich-Alexander-Universität Erlangen-Nürnberg:
http://www.ifa.uni-erlangen.de/ausbildung-studium/ausbildung-an-der-bfs/ (zuletzt
aufgerufen am 13.01.2013)

Informationsbroschüre zur Beruflichen Oberschule Bayern (BOB):
http://www.verwaltung.bayern.de/egov-
portlets/xview/Anlage/3524856/Berufliche%20Oberschule%20Bayern%202012.pdf
(zuletzt aufgerufen am 13.01.2013)

Informationsblatt "Zuordnung von Nachweisen der fachgebundenen
Hochschulreife zu Studiengängen in Bayern"
http://www.km.bayern.de/schueler/abschluesse/hochschulreife/fachgebundene-
hochschulreife.html
(zuletzt aufgerufen am 13.01.2013)

Internetauftritt des Kultusministeriums Bayern mit Informationen zu verschiedenen
Übertrittsmöglichkeiten
http://www.km.bayern.de/uebertritt
(zuletzt aufgerufen am 13.01.2013)

Informationsblatt "Überbrückungsmöglichkeiten" der Bundesagentur für Arbeit
http://www.arbeitsagentur.de/Dienststellen/RD-
BY/Nuernberg/AA/Buerger/BIZ/Publikation-BiZ-Merkblaetter/Merkblatt-119-
Ueberbrueckungsmoeglichkeiten-pdf.pdf
(zuletzt aufgerufen am 13.01.2013)

Informationsblatt "Kollegs in Bayern" der Bundesagentur für Arbeit
http://www.arbeitsagentur.de/Dienststellen/RD-
BY/Nuernberg/AA/Buerger/BIZ/Publikation-BiZ-Merkblaetter/Merkblatt-105-
Kollegs-pdf.pdf
(zuletzt aufgerufen am 13.01.2013)

Institut für Lernsysteme – Informationen zum Fernlehrgang "Abitur"

http://www.ils.de/abitur.php

(zuletzt aufgerufen am 13.01.2013)

Beschluss der Kultusministerkonferenz vom 06.03.2009 zum Hochschulzugang für beruflich qualifizierte Bewerber ohne schulische Hochschulzugangsberechtigung

http://www.kmk.org/fileadmin/veroeffentlichungen_beschluesse/2009/2009_03_06-Hochschulzugang-erful-qualifizierte-Bewerber.pdf

(zuletzt aufgerufen am 13.01.2013)

Satzung der Friedrich-Alexander-Universität Erlangen-Nürnberg über den fachgebundenen Hochschulzugang für qualifizierte Berufstätige (Hochschulzugangssatzung)

http://www.uni-erlan-gen.de/universitaet/organisation/recht/sonstige_satzungen/Hochschulzugangssatzung.pdf

(zuletzt aufgerufen am 13.01.2013)